MAMAJA ime is my sunshine

Bilingual book for children

TI MË BËN TË LUMTUR

You make me happy

KUR JAM ME NËNËN TIME, NDIHEM SHUMË I SIGURT

When I'm with my mom
I feel very safe

TI DI ÇFARË KAM NEVOJË

You know what I need

MË PËLQEN KUR TI QESH

I like when you're smiling

TI JE ARSYEJA PSE UNË QESH

You're the reason I smile

MAMAJA IME MË KUPTON PA FJALË

My mummy understands me
without words

NËNA IME GJITHMONË DËSHIRON TË MIRËN PËR MUA

My mother always wants
the best for me

NËNA IME ËSHTË MË E BUKURA NË BOTË

My mother is the most beautiful
in the world

MË MUNGON KUR JAM VETËM

I miss you when I am alone

BOTA ËSHTË MË E BUKUR ME TY

The world is more beautiful with you

FALEMINDERIT PËR ÇDO GJË QË BËN PËR MUA

Thank you for everything
you do for me

TI JE E GJITHËMIRA MË E MIRË NË BOTË

You are the best Mum
in the world

TE DUA!

I love you!

FALEMINDERIT QË JE KËTU!

Thank you for being here!

DHURATA PËR NËNËN

gifts for mom

PUTHJE
kisses

BUZËQESHJE
smile

IMAZH
picture

KËNGË
song

ÇOKOLLATË
chocolate

LULE
flowers

PËRQAFIM
hug

With eyes that sparkle,
like stars above,
My dearest mummy,
embodiment of love!

TI JE DIELLI IM!

You're my sunshine!

Made in United States
Orlando, FL
08 December 2024